기저귀와
작별하기

KB018697

기저귀와 작별하기

괄약근 조절과 아이의 자의식 발달

엠미 피클러 보육학 시리즈❹

Judith Falk und Maria Vinczé
Abschied von der Windel
Die Kontrolle der Schließmuskeln und die Entwicklung des kindlichen Selbstbewusstseins

프랑스어 발행본의 2014년 독일어 제2판을 한국어로 옮김

1판 1쇄 발행 2022년 4월 20일

지은이 유디트 팔크, 마리아 빈체
옮긴이 박성원

발행인 이정희
발행처 한국인지학출판사 www.steinercenter.org
주 소 04090 서울특별시 마포구 독막로 230 우리빌딩 2층 · 6층
전 화 02-832-0523
팩 스 02-832-0526

기획제작 씽크스마트 02-323-5609

ISBN 979-11-968748-6-5 (03370)

기저귀와 작별하기

괄약근 조절과 아이의 자의식 발달

유디트 팔크 · 마리아 빈체 지음

박성원 옮김

한국인지학출판사
KOREA ANTHROPOSOPHY PUBLISHING

발행인의 말

♣ 1902년 스웨덴 국회 연설에서 엘렌 케이Ellen Key는 정치 • 사회 • 문화의 쇄신을 위한 새 교육을 역설했습니다. "아동의 세기"를 열기 위해 그는 구시대의 강압적이고 획일화된 교육 대신 "아동 중심의 교육, 아이 스스로의 성장"을 지향했고, 이런 열망은 서구에서 다양한 교육 개혁의 물결을 만들어 냈습니다. 새롭게 제시된 교육 방법들은 "아이로부터 출발해야 한다"는 명제를 실천하려는 것이었지만, 결국 경제 및 기술 문명의 발달과 맞물려 국가경쟁력을 높이는 도구가 되었습니다. 각 나라의 교육은 창의성과 인성을 갖춘 '인적 자원'을 더 많이 양성하는 데 초점을 맞추어 아이들의 빠른 성장을 부추기고 있습니다. 게다가 물질적으로 풍요로운 이 시대의 아이들은 발달을 촉진하는 갖가지 놀잇감과 교육 프로그램 때문에 또 다른 어려움을 겪고 있습니다.

우리나라의 상황 역시 예외가 아닙니다.

20세기의 세계적인 경쟁 교육이 빚어낸 모순들에 더하여, 21세기에는 디지털 미디어 세대를 위한 다양한 영유아 프로그램이 등장하여 아이들의 성장을 더욱 어렵게 만들고 있습니다. 출생률이 점점 낮아지고 있는 우리 현실에서 새 생명의 탄생은 집안의 드문 경사가 되었고, 주변 어른들은 아기에 대한 사랑을 자연스럽게 물질로 표시합니다. 금지옥엽의 출산 축하용으로 건네는 편리한 각종 육아용품들과 월령별, 연령별 장난감 세트와 놀이 도구들이 집집마다 넘쳐납니다.

- 아이를 중심에 둔 교육이란 과연 무엇일까요?
- 자립심과 자존감, 집중력과 문제해결 능력, 그리고 사회성은 어떻게 만들어지나요?
- 창의성과 인성 발달은 언제부터 시작될까요?
- 4차 산업혁명 시대의 이른바 "창의융합형 인재" 형성은 언제부터 시작될까요?

부모와 교육자는 무엇보다 아이의 본질과 발달 단계를 깊이 파악해야 합니다. 세상에 태어난 아이가 성장하려면 맨 먼저 자신의 몸과 생활 환경에 적응해야 합니다. 이때 가장 중요한 것은 아이가 주변 환경은 물론이고 일상의 다양한 사물과 익숙해지고 양육자와 긴밀한 애

착관계를 갖는 일입니다. 세상과의 관계가 안정적으로 이루어져야 그것을 토대로 아이는 아동기와 청년기의 배움을 적극적으로 이어갈 수 있습니다. 4차 산업혁명 시대에 맞는 미래 교육은 아이들에게 지식을 넣어 주는 것이 아니라 아이마다 다르게 들어 있는 것을 끌어낼 수 있어야 합니다.

이제 우리는 가정과 영유아 교육 및 보육 현장에 스며 있는 경쟁 심리를 세밀히 들여다봐야 합니다. 아이의 보편적인 발달, 그리고 저마다 다른 개인적인 발달의 속도와는 무관하게 아이의 의식을 서둘러 일깨우고 외부에서 정한 '표준' 발달 기준에 따라 성장을 부추기는 '교육적' 요소들을 가려낼 필요가 있습니다. 아이 발달을 '위해' 어른 입장에서 제공하는 색다른 장난감, 잘 꾸며주는 환경, 신체 발달을 위한 식생활, 심지어 다른 아이들과 비교하여 적절해 보이는 시기를 정하여 시도하는 대소변 훈련이 아이의 성격 형성과 사회성 발달에 부정적 영향을 미치기 때문입니다.

한국슈타이너인지학센터가 발간하는 〈엠미 피클러 영아보육학 시리즈〉에 담긴 사례들은 우리가 가정과 현장에서 모범으로 삼기에 유익한 자료입니다. 특히 자율적인 성장을 지향하는 존중과 공감의 육아 방법, 어른이 아이와 함께 "놀아 주는 것"이 어린아이의 움직임 발달에 미치는 영향, 나아가 2022년 도입한 제4차 보육과정의 "영아

중심, 놀이 중심, 교사의 놀이 지원" 원칙을 영아 현장에서 구체적으로 실천하는 방법과 이를 위한 놀이 관찰 방법 등을 안내하는 시리즈입니다.

《발도르프 육아예술》 저자,
한국슈타이너인지학센터 대표
이정희

차례

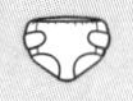

머리말

♣ 방광과 직장을 조절하여 대소변을 가리는 것은 아이와 부모에게 커다란 도전이다. 일부 가정과 영유아 현장에서는 특정한 시점까지 아이가 기저귀를 떼야 한다는 확고한 생각을 갖고 있기도 하다. 정해진 시점까지 기저귀에서 벗어나 유아용 변기를 사용하도록 여러 가지 교육과 훈련 방법을 동원하는 경우도 드물지 않다.

아이에게 이는 많은 학습 단계 중 하나에 불과하다. 이 과정에서 아이는 처음으로 인체의 기능에 대한 갖가지 생각을 할 뿐 아니라 많은 두려움을 갖게 된다. 어른의 관점에서는 사소하게 보일 일들이 아이에게는 중대한 문제로 여겨져 대소변 조절능력의 습득을 어렵게 할 수도 있다. 소아과 진료를 하다 보면 배변 자체를 불편하게 여겨 배변 욕구를 억누르는 영아를 데리고 오는 부모들을 자주 접한다. 유아 현장의 화장실을 싫어하거나 혼자서 유아용 변기에 앉는 것이 힘들어 배변을 참는 경우, 혼자서 배변하기를 무서워하거나 대변이 지나치게 단단하여 배변 시 통증을 느끼는 경우 등이 원인일 것이다. 이런 이유들로 직장 안에 변이 오랫동안 머물러 있는 일이 잦아지면 점점 단단해져서 배변 시 통증이 심해지며 만성적인 변비 증상이 생긴다.

레모 라르고Remo Largo가 스위스에서 진행한 장기 추적 연구 자료에 따르면 집중적인 대소변 훈련은 방광과 직장의 조절능력을 습득하는 시기에 아무런 영향을 끼치지 않는다고 한다.[1] 그럼에도 불구하고 현실적으로 대소변 훈련이라는 교육적 중재행위로 인해 아이들은 막대한 외부 간섭을 받으며, 동시에 어른들은 수많은 불필요한 갈등을 겪는다. 이와 관련해 레모 라르고와 공동 연구자들은 대소변 훈련에서 아이의 자기주도적 노력을 존중하고 적극적으로 지지해 주어야 한다는 입장을 피력한다.[2]

이 책의 내용은 유디트 팔크와 마리아 빈체가 부다페스트에 있는 피클러 연구소에서 진행한 것이며, 원래의 연구 자료에는 방광과 직장의 조절능력 습득 단계와 이에 관한 아이들의 감정과 발언이 상세

---

1 Largo, R. & Stutzle, W., "생후 첫 6년간의 직장 및 방광 조절에 관한 장기 추적 연구(Longitudinal Study of Bowel and Bladder Control by Day and at Night in the First Six Years of Life)", 1부, Develop. Med. Child Neurol, 19, 1977, pp. 598-613

2 Largo, R., L. Molinari, K. von Siebenthal, U. Wolfensberger, "배변 훈련의 근본적인 변화는 직장 및 방광 조절 능력의 발달에 영향을 주는가?(Does a Profound Change in Toilet-Training affect Development of Bowel and Bladder Control?)" Develop. Med. Child Neurol, 38, 1996, pp. 1106-1116; Largo R., Jenni O., "유아에게 적절한 배변 훈련이란 무엇을 의미하는가?", Kinderärztliche Praxis 2005, 76, pp. 6-10.

하게 기록되어 있다. 피클러 연구소는 지난 수십 년 동안 아이의 자기주도적 참여, 보육 담당자와의 신뢰 및 명확한 관계를 최우선으로 하는 교육 방법을 유지해 왔다. 피클러 연구소는 방광과 직장의 조절능력 습득에서도 아이의 자기주도적 참여와 자기효능감을 강조하고 이를 조심스럽게 지지하는 것을 중시한다.

팔크와 빈체는 226명의 아이를 대상으로 한 장기 추적 연구를 통해 이와 관련된 모든 과정을 명백하게 밝힌다. 또한 이 과정을 거치는 아이들이 어떤 갈등을 겪고 어떤 상상을 하며 어떤 두려움과 걱정을 갖고 있는지 생생한 사례를 바탕으로 보여준다. 이 책에는 아이를 키우는 일상에 도움이 될 소중한 정보가 담겨 있다. 또한 아이를 키우는 부모와 현장의 보육교사들이 대소변 조절능력 습득이라는 복잡한 주제를 이해하도록 도와주며, 아이가 대소변 조절능력 습득을 자발적으로 주도할 때까지 믿고 기다려 주고 적절하게 지원하도록 용기를 준다.

이 책의 내용을 구성하는 연구는 제2차 세계대전 후 부다페스트 로치가에 설립된 보육원 시설에서 철저한 기록과 지속적이며 체계적인 관찰을 바탕으로 수행되었다. 로치보육원은 현재 설립자의 이름을 따서 엠미 피클러 연구소라고 부르며, 1979년부터 1991년까지 유디트 팔크가 원장으로 책임을 맡았다. 소아과 의사이면서 교육심리학을 공부한 엠미 피클러와 유디트 팔크는 처음부터 아이들을 돌보는 실제 과정에서 영유아의 육체적·정신적 발달에 관한 학문적 연구를 적용

함으로써 아이들이 정서적으로 건강하게 자라날 수 있도록 도와주는 방법을 찾으려고 노력했다.

따라서 이 책의 본문에서는 피클러 연구소에서 장기간 아이들을 개별적으로 담당한 보육교사들을 자주 언급한다. 이 책을 읽은 독자들은 매우 우수하게 운영되어 온 영유아 보육원에서 얻은 연구 결과를 가정, 어린이집, 유치원의 일상에 그대로 적용하고 활용할 수 있을 것이다. 피클러 연구소의 보육교사는 실제로 부모를 대신해 극히 배려 깊고 양심적인 보호자, 전문성을 지닌 양육자 역할을 수행했기 때문이다.

이 연구는 1996년에 발행된 학술지 "아동심리학Psychiatrie l'enfant" (V. 39, 2, pp. 581-612)에 게재되었다.

프랑스어판의 독일어 번역에 협력하고 베를린 피클러 협회 총서로 발간하도록 허락해 준 유디트 팔크 박사에게 진심 어린 감사의 말을 전한다.

소아 및 청소년의학 전문의

헤르베르트 그룬트헤버

기저귀와 작별하기

1

강요된 대소변 훈련의 결과

방광과 직장의 조절능력을 습득하는 시기와 방법을 둘러싼 문제는 식사와 수면으로 인한 문제들과 더불어 아이와 어른 사이에 자주 갈등을 일으킨다. 많은 이들이 이런 갈등을 정상적이며 불가피한 것으로 여긴다. 부모들이 읽는 육아 지침서는 아이가 방광과 직장의 조절능력을 습득하여 더 이상 기저귀가 아닌 유아용 변기에 용변을 보게 하려면 일정한 시점부터 특별한 훈련이 필요하다고 주장한다. 이런 육아 지침서에는 몇 살부터 또는 어떤 발달 단계부터 훈련을 시작해야 할지에 관한 다양한 권고가 실려 있다. 하지만 이런 지침서의 모든 저자는 이를 단지 어른이 아이에게 새로운 습관, 즉 유아용 변기나 일반 변기를 사용하는 습관을 들이는 일이라고만 여긴다(참고문헌 1, 4, 18, 29, 30, 41).

이 과정이 강아지의 배변 훈련과 유사한 조건반사의 형성이라고 단순하게 생각하는 이들이 많다. 기저귀를 뗀 것을 두고 '깨끗하다'라고 하는 말은 아이가 괄약근을 완전히 조절하기까지는 '더럽다'는 것을 암시하며, 아이가 '바람직하지 못한 유아적 행동'에서 벗어나려면 어른의 교육적 노력이 필요하다는 의미를 내포한다. 하지만 방광이나 직장을 조절하는 일은 단순히 새로운 습관을 받아들이거나 어떤 능력을 습득하는 것이 아니다. 그것은 아이의 정신적·사회적 발달에서 매우 중요한 단계이다. 난생 처음 아이는 자신의 욕구를 즉시 충족시키고자 하는 본능에 따르지 않고 어른의 규범을 충족시키기 위해 현재의 불편한 내적 긴장감을 한동안 지탱하고자 결심하는 것이기 때문이다.

이런 결심의 토대는 어른처럼 되고 싶고 어른과 비슷해지고 어른의 행동양식과 규범을 배우고 싶어 하는 아이의 마음이다. 그렇기 때문에 아이는 자신의 대소변 욕구에 즉각 따르지 않으려 시도하는 것이다. 아이는 적절한 장소에서 용무를 해결하기 위해 놀이 등의 다른 활동들을 중단한다. 이런 관점에서 보면 아이가 대소변을 조절하는 과정은 다음과 같은 순서를 따른다. ① 자신의 용변 욕구를 감지한다. ② 즉각적인 욕구 해소를 자제한다. ③ 적절할 장소를 찾는다.

이에 반해 종래의 전형적인 대소변 훈련의 관점에서 보면 대소변 조절능력 습득은 완전히 다른 순서로 진행된다. ① 아이가 용변 욕구를 감지하는지 여부와는 상관없이 어른이 아이에게 유아용 변기를 건네준다. ② 결과가 나올 때까지 어른이 기다린다. ③ 결과에 따라 칭찬을 하거나 불만을 표시한다.

어른이 요구하는 시점에 아이가 유아용 변기에 배설하게 하는 것은 자신의 몸이 갖고 있는 특징을 스스로 알아갈 기회를 아이에게서 박탈하는 일이며, 일정한 성숙 단계에 도달하면 자신의 괄약근 조절을 의식할 수 있는 기회를 아이에게서 박탈하는 일이다.

자주 적용하는 대소변 훈련법은 두 단계로 진행된다. 첫 단계에서는 어른이 아이에게 너무 이른 시기에 조건반사에 의한 용변 행위를 강요하기 때문에 기저귀나 바지가 깨끗한 상태로 유지된다. 아이가 실수하지 않고 유아용 변기 위에서 대소변을 보도록 필요 이상으로 자주 그리고 오랫동안 유아용 변기에 앉혀 둔다.

두 번째 단계에서 아이가 이미 대소변 조절에 필요한 신경근이 거의 성숙한 나이가 되면 어른의 지시에 따라 더 이상 기저귀를 사용하지 않는 새로운 습관을 받아들인다. 이때 아이가 자신의 성장 단계를 뛰어넘는 어른의 요구에 저항하지 않고 순순히 받아들이더라도, 괄약근을 조절하는 주체는 여전히 아이가 아니라 어른이다. 아이가 방광과 직장의 기능을 독립적으로 조절하는 책임을 맡는 것은 이보다 훨씬 후에야 이행된다.

첫 단계에서 두 번째 단계로 넘어갈 때까지는 수개월, 심지어 수년이 걸린다.

자신의 아이가 '일찍 기저귀를 뗀' 것을 자랑스러워하는 엄마 가운데는 대여섯 살 된 아이에게 화장실 갈 때가 되었다는 말을 하거나 아이에게 "볼일을 봐야 하지 않니?" 하고 습관적으로 묻는 것을 정상적인 일로 여기는 사람이 많다. 이는 결국 어른이 대소변 훈련을 통해 아이에게 스스로 결정해야 하는 어려움을 덜어준 것이 아니라 오히려 혼란을 준 것이며 신체 기능과 관련해 아이를 어른에게 의존하는 존재로 만든 셈이다. 이렇게 되면 정상적으로 작동해야 할 신체 기능이 관계 형성에 문제를 일으킬 수도 있다(참고문헌 5, 7, 19, 28). 아이는 어른의 마음에 들기 위해 '볼일을 봐야' 하거나 '볼일을 보지 말고 참아야' 하는 상황에 처한다. 반면에 대소변 조절 능력을 자발적으로 습득하면 아이는 어른처럼 행동할 수 있는 새로운 능력을 갖추게 된다. 하지만 유아용 변기에 앉을 것을 강요당하는 경우, 아이는 강요에 의해서가 아니라 우연히, 또는 신체 여건에 의해 유아용 변기에 배설할 수 없거나 배설하기 싫어서 기저귀나 바지에 용변을 보게 되고, 이 때문에 많은 갈등이 일어난다(참고문헌 2, 17, 18, 19).

괄약근 조절을 둘러싸고 생긴 문제는 단순히 아이가 괄약근을 조절하지 못하거나 조절에 서투르다는 것 이상을 의미한다. 이것은 심리

상태와 긴밀하게 연결된 관계 형성과 사회적인 행동에 심각한 문제를 야기할 수도 있다(참고문헌 2). 피클러 연구소의 경험에 따르면, 괄약근 조절과 관련한 어른과 아이 사이의 갈등은 충분히 방지할 수 있다. 육아를 담당하는 어른과의 관계가 원만한 아이는 전혀 훈련을 받지 않아도 이런 발달 과정을 무리 없이 이행한다.

II

연구 대상과 방법론

피클러 연구소에서는 언제, 어떤 방법으로 아이가 대소변 조절능력을 습득하는지 알아내기 위해 연구를 진행했다. 연구 대상은 1962~1986년의 기간 동안 만 3개월 이전에 피클러 연구소에 들어와(대부분의 아이는 출생 직후 보육원에 왔다) 적어도 만 2세가 될 때까지 양육한 아이들이었다. 24년간 이런 조건을 충족시킨 아이는 226명이었다. 그중 8명은 심각한 발달장애 증상을 보였으므로 연구 대상에서 제외했다.

이 연구에 사용된 자료는 두 가지 기록을 바탕으로 한 것이다. 피클러 연구소에서는 매우 다양하고 정확하게 정해진 기준에 따라 각 아이에 관한 기록을 남긴다. 그중 하나는 각 그룹에 4명씩 배정되어 있는 보육교사들이 기록한 자료이며, 다른 하나는 아이를 개인적으로 책임지는 담당보육교사가 각 아이의 개별적인 발달 상황을 매월 기록한 보고서이다(참고문헌 15, 10, 11). 우리는 두 가지 기록을 합쳐 각 아이의 개인별 기록표를 만들어 다음과 같은 자료를 기입했다.

_ 유아용 변기에 처음으로 소변과 대변을 본 시점의 주령
_ 유아용 변기 또는 화장실(일반 변기)을 규칙적으로 사용하기 시작한 시점의 주령
_ 기저귀를 찰 필요가 없어진 시점의 주령
_ 낮잠 자는 시간을 포함해 주야간 종일 괄약근을 조절할 수 있게 된 시점의 주령
_ 중단 기간(이미 유아용 변기를 사용하기 시작한 아이가 변기 사용을 중단한 기간, 또는 변기를 사용했지만 원하는 결과를 얻지 못한 채 경과된 기간, 이전 단계로 돌아와서 경과된 기간)

우리는 만 2세, 만 2년 3개월, 만 2년 6개월, 만 2년 9개월, 만 3세가 되는 각 시점, 즉 3개월 간격으로 매번 한 주간에 걸쳐 괄약근 조절 상태를 세밀하게 확인하여 그 능력 수준을 규정했다. 또한 각 주간의 조사 결과를 이전 주간의 기록과 연결하여 비교·분석했다.

★ 조사 대상 아이들의 수와 관찰 기간

조사 대상 아이의 연령	연구 대상 아이의 주령	아이의 수
만 2세	104	218
만 2년 3개월	117	191
만 2년 6개월	130	159
만 2년 9개월	143	118
만 3세	156	80
만 3년 3개월	169	64
만 3년 6개월	182	45
만 3년 9개월	195	34
만 4세	208	23
만 4년 3개월	221	22

조사 기간 동안 우리는 방광 및 직장 조절과 관련된 발달 단계를 34개로 세분했다. 유아용 변기에 소변이나 대변을 한 번도 본 적이 없는 단계, 유아용 변기에 규칙적으로 소변을 보는 단계, 유아용 변기에 규칙적으로 대변을 보는 단계, 유아용 변기에 소변을 보지 않은 단계 등으로 나눈 것이다. 우리는 각 아이의 개인별 기록표에 괄약근 조절에 직결된 사항뿐만 아니라 특정한 관점으로 볼 때 이와 관련된다

고 여겨지는 사항까지 관찰 결과를 기록했다. 이에 따라 아이의 자아 및 자의식의 성숙도와 관련된 관찰, 해당 아이에 대한 다른 아이들의 영향, 모방, 놀이를 할 때 '기저귀 - 유아용 변기'라는 소재가 등장하는지 여부 등에 대한 관찰 결과도 기록한 것이다.

우리는 이 기록의 횡단면 분석('크로스섹션 분석', 동일 시점 및 동일 기간에 얻은 데이터들 사이의 관계에 대한 분석 -역자)을 통해, 괄약근 조절과 관련하여 각 관찰 시점의 발달 수준이 어떤지 알아냈다. 아이들이 각기 다른 시점에 피클러 연구소를 떠났기 때문에, 연령이 높아지면서 연구 대상의 숫자가 감소했다. 연구 대상에 속했던 아이들의 수와 관련해 비교를 쉽게 하기 위해, 절대적인 숫자를 사용하지 않고 피클러 연구소에 있던 같은 연령의 모든 아이를 100으로 잡고 해당 집단에 속하는 아이들의 숫자를 백분율로 나타냈다.

우리는 장기 추적 분석을 통해 시간의 경과에 따른 괄약근 조절능력 습득에 대한 결과를 수집했다. 이로써 아이가 처음 유아용 변기를 사용한 시점과 괄약근을 적절하게 조절하게 된 시점 사이의 간격을 분석했고, 이전 단계로의 퇴행에 관한 사항도 분석했다. 우리는 다음과 같은 사항을 바탕으로 아이의 발달 상황을 분석했다.

_ '자아 성숙도', 언어 수준, 자신의 의지를 표현하는 방식, 이상의 결과와 괄약근 조절능력 습득의 상관 관계

_ 아이가 자신의 몸, 생리적인 발달 및 용변 현상, 성별, 출생 등에 대해 보이는 관심
_ 놀이를 할 때 '쉬야' 또는 '응가'라는 단어가 등장하는지의 여부
_ 괄약근 조절능력 습득에서 모방이 미치는 역할

III

주요 연구 결과

연구 결과는 다음과 같이 여섯 항목으로 요약할 수 있다.

1. 아이는 훈련과 특별한 조건반사 없이 방광과 직장의 괄약근 조절능력을 습득했다.

이것이 의미하는 바는 다음과 같다. 어른의 역할은 아이에게 유아용 변기와 화장실에 대해 알려주는 것에 국한된다. 물론 어른이 아이에게 간접적으로 영향을 미치는 범위는 이보다 훨씬 넓다.

피클러 연구소에서 일하는 보육교사는 첫날부터 어린아이와 이야기하면서 아이와 함께 무슨 일을 할지 알려주며, 아이와 관련 있는 것이라면 연령과 관계없이 무엇이든 아이에게 말해 준다(참고문헌 14, 40). 아이는 적어도 하루에 네 번 정도 자신이 차고 있는 기저귀에 '쉬야' 또는 '응가'가 있다는 말을 듣는다. 보육교사가 아이에게 다음과 같은 말을 하게 되는 것이다. "기저귀가 쉬야로 완전히 젖어 있네. 내가 기저귀를 갈아 줄게." "아주 커다란 응가를 했구나." "엉덩이에 응가가 많이 묻어 있으니까 깨끗하게 씻어 줄게." 보육교사는 잠시 자리를 비울 때에도 아이에게 말을 하고 간다. 화장실에 갈 때도 마찬가지다. 그리고 아이가 어느 정도 자라서 용변이 마려워 제자리에서 동동걸음을 하거나, 특정한 소리를 내는 방식으로 의사표현을 하거나, '응가' 또는 '쉬야'가 마렵다고 이야기할 때 적절한 반응을 보인다.

아이는 유아용 변기를 달라고 보육교사에게 요청하거나 직접 변기를 꺼내어 사용하는 경우가 아니라면 변기에 앉지 않는다. 유아용 변기에 앉아 있는 아이는 자신이 원할 때면 언제든 일어난다. 유아용 변기를 사용하는 초기에 아이는 어른이 바라는 것보다 더 오랫동안 변기에 앉아 있는 경우가 많다. 아이가 변기에서 일어났는데 변기에 아무것도 없는 상황도 여러 번 일어난다. 이때 보육교사는 아이에게, "이번에는 아무것도 없네." 하고 말하거나, "아마 다음번에는 잘 될 거야"라는 말로 용기를 준다.

유아용 변기에 무언가 담겨 있는 경우에도 별다른 칭찬은 하지 않는다. 그렇지만 아이는 보육교사가 만족해한다는 사실을 감지한다. 아이가 원하면 자신의 용변이 담겨 있는 유아용 변기를 비우거나 변기 손잡이를 누르도록 해준다. 어떤 경우에도 아이에게 다음과 같은 말을 하지 않는다. "이렇게 커다란 아이가 아직도……." "이제 다 큰 언니가 되었는데, 볼일을 보고 싶으면 말을 해야지." "어제는 변기에 쉬야를 잘했는데, 오늘은 왜 실수했니?" "피터 좀 본받아라. 피터는 쉬야가 마려우면 말을 하잖니." 보육교사는 아이에게 절대로 "에이, 지저분해" 또는 "너에게서 고약한 냄새가 나" 같은 말을 하지 않는다. 기저귀를 차고 있는 아이도 자신이 속한 그룹에서는 늠름한 구성원이기 때문이다.

★ 낮 동안 아이들의 방광 및 직장 조절 수준 (연령 집단별 백분율)

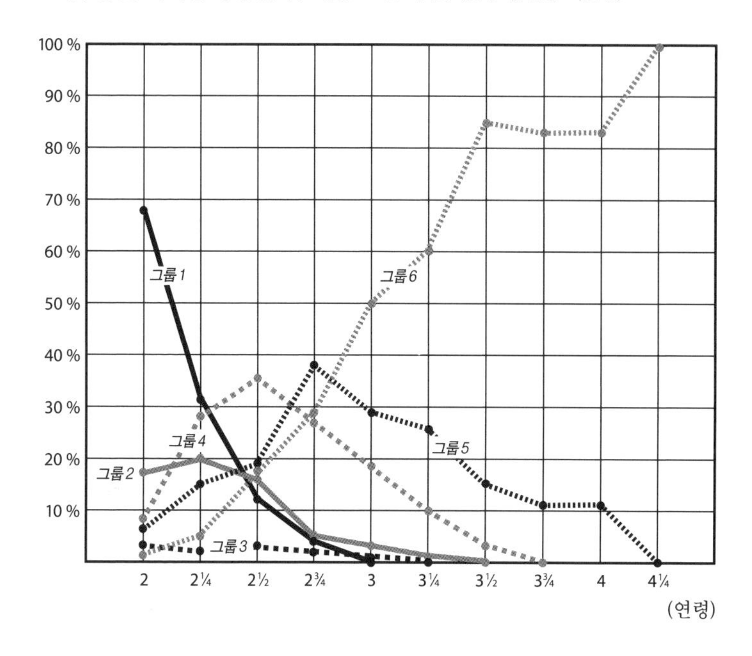

그룹 1 : 유아용 변기에 대소변 모두 보지 않은 아이들

그룹 2 : 유아용 변기에 적어도 한 번 이상 소변을 보았지만 대변은 한 번도 보지 않은 아이들

그룹 3 : 유아용 변기에 적어도 한 번 이상 대변을 보았지만 소변은 한 번도 보지 않은 아이들

그룹 4 : 유아용 변기에 적어도 한 번 이상 대변과 소변을 본 아이들

그룹 5 : 유아용 변기에 규칙적으로 대소변을 보는 아이들

그룹 6 : 완전히 또는 거의 완전히 대소변을 조절할 수 있는 아이들

2. 아이들은 평균적으로 생후 35개월에 방광과 직장의 조절능력을 습득했다(하지만 월령별 편차는 개인적으로 매우 심함).

이것이 의미하는 바는 다음과 같다. 생후 35개월이 되면 아이는 방광이나 직장의 욕구를 인식하고 어른에게 알린다. 아이는 자신의 욕구를 해소할 적절한 장소를 찾을 때까지 욕구를 조절하려고 노력하며, 그런 조절능력을 가지고 있다. 앞의 그래프는 특정한 연령의 아이들이 낮 동안 괄약근을 조절하는 평균적인 수준을 보여준다.

우리가 연구 자료로 기록하는 첫 시점, 즉 만 2세(생후 104주)가 되는 아이 중 68%는 이전에 단 한 번도 유아용 변기를 사용한 적이 없다. 만 3세(생후 156주)가 되면 절반 이상의 아이들이 더 이상 기저귀를 필요로 하지 않으며, 4분의 1 정도의 아이들은 규칙적으로 유아용 변기를 사용한다. 만 4세가 되면 피클러 연구소에 남아 있는 아이들 모두가 괄약근 조절능력을 습득한 상태였다. 단지 가벼운 정신지체 증상이 있는 2명은 만 4년 6개월이 되었을 때 해당 발달 과정을 마쳤다.

3. '대소변 훈련을 받은' 아이는 대체로 유아용 변기에 대변을 먼저 보기 시작한 한참 후에 소변을 보기 시작한 반면, 연구 대상에 속한 아이들 중 75%는 먼저 유아용 변기에 소변을 보기 시작한 다음 대변

을 보기 시작했다. 연구 대상 가운데 직장 조절능력을 방광 조절능력보다 먼저 습득한 아이는 한 명도 없었다.

연구 대상에 속한 만 2세 이전의 아이들 가운데 20% 정도가 소변만 유아용 변기에 본 반면, 대변만 본 아이는 1%에 불과했다. 대소변 훈련을 받은 아이들과 우리의 연구 대상 그룹에 속했던 아이들 간의 차이는 대소변 훈련이 일반적으로 직장의 조절에 우선적으로 초점을 맞추는 데 기인한다고 추측된다.

4. 일반적인 견해에 따르면 여자아이가 남자아이보다 일찍 '기저귀를 뗀다'고 한다. 우리의 연구 대상 그룹에 속한 아이들 또한 이와 같은 경향을 보였다. 하지만 성별 간의 차이는 극히 미미했다. 괄약근 조절능력을 습득한 평균 연령은 남자아이가 생후 35.2개월이었고 여자아이는 생후 34.4개월이었다.

유아용 변기를 용도에 맞게 처음 사용한 시점과 괄약근 조절이 완전하게 이루어진 시점 사이의 간격이 성별에 따라 가장 큰 차이를 보인 것은 이 기간이 매우 짧았던 경우이다. 이 간격이 3개월 미만인 경우 10명 중 8명이 여자아이였고, 이 두 시점의 간격이 12개월 이상인 경우 26명 중 14명이 여자아이로, 그 비율이 절반보다 조금 높았다.

5. 괄약근 조절능력 습득과 관련된 세부 단계에서는 아이들 사이에 중요한 차이가 나타났다. 아이가 소변이나 대변을 보고 싶다는 신호를 보낸 시점, 유아용 변기를 처음으로 사용한 시점, 그리고 규칙적으로 유아용 변기를 사용하기 시작한 시점 등에서 커다란 차이를 보인 것이다. 정상적인 아이의 발달 과정에서 이 세부 단계들 사이의 시간적 간격은 수일에서 1년 이상에 이른다.

이와 관련해 가장 다양한 시점들이 관찰되는 연령대는 만 2년 6개월(생후 130주)이었다. 우리는 피클러 연구소에서 지내는 이 연령대의 아이들 161명을 31개의 하위 그룹으로 분류했다. 그중 몇 가지 분류 항목은 다음과 같다.

_ 유아용 변기에 대변과 소변을 한 번도 본 적이 없는 아이들
_ 유아용 변기에 소변을 적어도 한 번 이상 본 적이 있는 아이들
_ 유아용 변기에 대변은 한 번도 본 적 없지만 소변은 규칙적으로 본 아이들
_ 기저귀를 거의 뗐지만 연구 관찰이 이루어진 주간 동안에는 기저

귀에 용변을 본 아이들
_ 방광과 직장의 조절능력을 안정되게 습득했다고 할 수 있는 아이들
_ 밤에도 기저귀가 필요 없게 된 아이들

일부 하위 그룹 내에서는 괄약근 조절에 성공하기까지 몇 번의 시도를 거쳤는지, 이런 시도를 중단하여 유아용 변기에 대소변을 보지 않은 기간이 얼마나 길었는지 등에서도 아이들마다 차이를 보였다.

★ 유아용 변기를 처음 사용한 시점부터 방광과 직장의 조절능력을 습득하기까지 소요된 기간

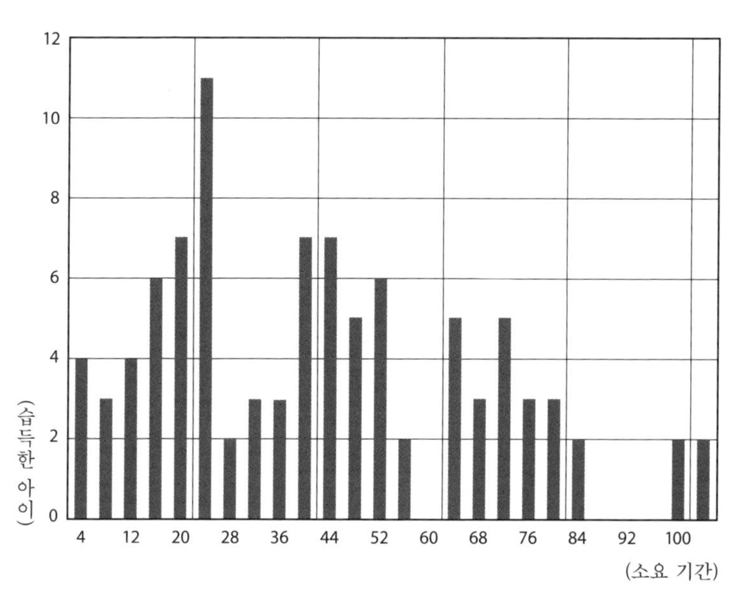

6. 습득 과정은 본 연구 그룹의 경우 평균 9.4개월이 걸렸다. 이는 1,170명의 아이들을 대상으로 진행된 토머스 베리 브레즐턴 Thomas Berry Brazelton(참고문헌 4)**의 연구 결과와 일치한다. 앞의 그래프에서 알 수 있듯이, 이 습득 과정의 소요 기간은 아이마다 매우 상이하다.**

낮 동안에[3] 유아용 변기를 처음 사용한 시점부터 괄약근을 안정적으로 조절한 시점까지 소요된 기간과 관련하여, 우리는 대소변 조절을 확실히 안정적으로 한 69명의 아이들을 다음과 같이 네 그룹으로 분류했다.

_ 3개월 미만(평균 2개월) : 10명
_ 3개월 이상 6개월 미만(평균 5개월) : 23명
_ 6개월 이상 12개월 미만(평균 9.5개월) : 32명
_ 1년 이상(평균 16개월) : 24명

학습 기간이 길다고 해서 아이가 날마다 유아용 변기에 앉아 있었음을 의미하지는 않는다. 오히려 아이가 수개월 동안 유아용 변기를 사용하지 않겠다고 결정한 경우도 많았다. 이와 관련해 우리는 한 가지 현상을 관찰했다. 이 현상에 '첫 변기 응가 쇼크'라는 이름을 붙였

3 만 3세 이상인 아이들의 수가 적었기 때문에, 야간의 괄약근 조절 능력에 관해서는 상세한 조사가 불가능했다.

는데, 이를 통해 우리는 해당 학습 과정의 기간이 아이마다 달라지는 이유를 설명할 수 있었다.

첫 번째 그룹에는 알렉산더 토머스Alexander Thomas와 스텔라 체스Stella Chess가 "단순한 아이"라고 표현한 안정적이고 원만한 아이들이 속했다. 일반적으로 이 아이들은 발달 과정에서 별다른 어려움을 보이지 않았다.

★ 네 그룹이 나타낸 결과 중 일부 항목의 비교

	그룹 1	그룹 2	그룹 3	그룹 4
습득 과정의 기간(개월)	< 3	3 ~ 6	6 ~ 12	> 12
유아용 변기에서 처음 대변을 본 시점과 두 번째로 대변을 본 시점의 평균 간격(주)	1	2	5	7
유아용 변기에서 처음 대변을 본 시점과 규칙적으로 유아용 변기를 사용한 시점의 평균 간격(주)	2	6	15	23
유아용 변기에서 처음 대변을 본 시점과 규칙적으로 유아용 변기를 사용한 시점의 최대 간격(주)	8	14	43	48

반면 네 번째 그룹에 속한 아이의 절반 이상이 다양한 어려움을 보였다. 그중 일부는 상대적으로 발달 속도가 매우 느렸으며, 연구 대상에 속한 '까다로운' 아이들보다 덜 안정적이었다.

두 번째와 세 번째 그룹에서 우리는 토머스와 체스가 '천천히 발달하는' 아이라고 표현한 아이들을 찾아볼 수 있었다.

IV

자신의 몸,
그리고 '자아'의 성숙

지금까지 우리는 괄약근 조절능력 습득에 도달할 때까지 아이에게 진행되는 심리적 과정은 언급하지 않았다. 괄약근 조절능력 습득을 이해하려면 반드시 아이의 내면의 성숙도와 자율성을 향한 욕구, 두려움 등에도 관심을 가져야 한다. 따라서 우리는 다음과 같은 문제를 다루고자 한다.

_ 생물학적 성숙도, 자아의 성숙도
_ 아이가 괄약근 조절능력을 습득하기까지 거치는 과정, 이 과정에서 발생하는 어려움, 어려움을 유발시키는 요인으로 볼 수 있는

배경
_ 자신의 몸과 배설 및 인체에서 일어나는 과정에 관한 아이의 관심(신체 구조, 생리 현상, 성별과 관련된 생각, 지식, 판타지, 호기심)
_ 괄약근 조절능력 습득 과정이 아이의 놀이와 대인관계에 반영되는 양태
_ 괄약근 조절능력 습득 과정에서 모방이 갖는 의미

아이에게 기저귀를 떼도록 훈련시키는 것이 얼마나 어리석은지 최초로 확인한 것은 에른스트 블룸Ernst Blum과 엘자 블룸-사파스Elsa Blum-Sapas의 1946년 연구였다. 두 연구자는 아이가 보편적인 발달 단계에 따라 대소변 조절능력을 갖추게 된다는 것을 알아냈으며, 방광 및 직장의 조절능력 습득은 생후 2년이 되는 시점부터 만 3세가 되는 과정에 일어나는 신경체계의 급속한 발달과 개별성 형성에 속한다고 규정했다(참고문헌 3). 이에 따라 아이는 내적 욕구에 의해 기저귀 사용을 그만둔다는 것이다. 하지만 유감스럽게도 두 연구자가 진행한 설득력 있고 논리적인 이 연구 결과는 잊혀져 버렸다. 우리가 아는 어떤 연구자도 그들처럼 확실하게 대소변 훈련의 유해한 결과를 지적하지 않았다.

실제로 아이와 관련된 일에 종사하는 사람들은 수많은 심리적 문제와 오래 지속되는 개인적 어려움들이 대소변 훈련과 관련된 갈등과

실패에 연관되어 있다는 견해를 관철시켰다. 그런데 이런 인식에도 불구하고, 아이를 키우는 부모와 유치원 및 어린이집의 현장 교사들의 관행은 오늘날에도 별로 달라지지 않았다. 방광 및 직장 하부 괄약근 조절 중추가 전두엽에 위치하고, 뇌의 이 부분은 만 3세가 되기 전에는 성숙해 있지 않다는 사실을 제대로 이해하지 못하고 있기 때문이다. 실제로 모든 신경연결망과 신경해부학적 중추들이 성숙되고 나서야 비로소 방광과 직장을 아무런 제약 없이 의지에 따라 사용할 수 있는 것이다.

이 시기 이전의 아이는 훈련을 통해서 조건반사를 학습할 수는 있지만, 자신의 내적 요구에 기초한 괄약근 조절에는 도달할 수 없다. 내적 요구에 기초한 괄약근 조절을 위해서 아이는 만 2세부터 1년간 여러 방식으로 '자아'을 강하게 실험해 본다. 강한 자아의 실험은 일상의 다양한 상황에서 이루어진다. 예를 들어 초록색 바지를 꼭 입겠다고 고집부리기도 하고, 바구니를 들겠다고 하거나 혼자서 빵을 자르겠다고 고집부리기도 한다. 이 시기에는 어른에 대한 아이의 의존도가 급격히 감소하는데, 아이가 아직 외부 요인에 의존하고 있다는 것을 보여주는 마지막 상징이 바로 기저귀이다.

이 시기의 아이는 관심 깊게 외부 세계를 관찰하며, 처음으로 삶의 근본 문제들을 생각한다. 이 과정이 조화롭게 이루어지려면 아이의 발달 단계와 발달의 속도 조절을 아이 자신에게 위임해야 하며, 아이와 주변 환경 및 주위 어른의 관계가 안정적이어야 한다. 유아용 변기 속에 무언가 들어 있기를 바라는 요구 같은 것들에 의해 관계가 방해받지 않아야 하는 것이다.

아이에게 이런 압박을 가하는 것은 생리적 성숙도로 보아 아직 가능하지 않은 것을 요구하는 것이며, 자아의 발달과 능력의 발달 상태에 부합하지 않는 것을 요구하는 것이다(참고문헌 2). 이와 반대로 어른이 그냥 조용히 기다리면, 자신의 욕구를 어른과 같은 방식으로 처리하고자 하는 소망이 아이의 내면에서 저절로 우러나온다.

우리가 연구한 그룹의 모든 아이들은 유아용 변기에 첫 용변을 보았을 때 이미 일정한 수준의 자아 발달을 이룬 상태였다. 한 명의 예외도 없이 모두가 '나'라는 일인칭 단수 명사를 알아서, '나', '나를', '나의'라는 단어를 능숙하게 사용하고 있었다.

자아에는 자존감, 즉 자신의 가치를 소중히 여기는 것도 포함된다. 이는 피클러 연구소에서 특별한 의미를 부여하는 부분이다. 그러므로 피클러 연구소에서 성장하는 아이들은 처음부터 자신이 무엇을 원하는지 이야기하고 선택하고 스스로 결정할 기회를 보장받는다. 아이는 혼자서 선 채로 옷을 입을 수 있을 만큼 자신의 근육이 튼튼한지 판단하며, 무엇을 가지고 어떤 방법으로 놀고 싶은지 스스로 결정한다. 또한 무엇을 얼마만큼 먹고 싶은지도 스스로 결정하며, 좀 더 자라면 보육교사의 무릎을 떠나 식탁에 앉아서 식사하는 시기도 스스로 결정한다.

이렇게 하면 반항기라고 일컫는 시기에 전형적으로 나타나는 어른과의 갈등이 매우 드물게 일어난다. 아이는 자신의 의지와 자아를 관철하기 위해 어쩔 수 없이 반항해야 하는 상황일 때에만 '반항기'를 겪는다는 것이 우리의 생각이다. 많은 가정에서 음식물 섭취와 대소변 조절을 둘러싸고 생겨나는 갈등은 아이가 부모의 그릇된 과욕에 맞서 한창 발달하고 있는 자아를 주장하는 상황이 지나치게 자주 일어나지만 않으면 충분히 피할 수 있을 것이다.

자신을 세계로부터 제대로 구분하여 의식하려고 아이가 이런 식의 반항에 기대는 것은 아니다. 아이는 어른에 대한 의존을 줄이고 싶어 한다. 따라서 자신의 실현을 지지해주는 것이 중요하다. 다시 말해서 어른은 한편으로는 아이가 넘어서는 안 될 분명한 경계를 정해 주는 동시에 다른 한편으로는 자유로운 결정을 내릴 수 있는 여지를 보장해야 한다(참고문헌 33, 35, 40). 때때로 정해진 길을 벗어나 봄으로써 아이는 자신의 의지와 한계를 감지하고 경험함으로써 그에 맞게 행동할 수 있다. 유아용 변기 사용을 스스로 결정하는 일이 여기에 속한다. 우리는 빠른 속도로 자라나는 아이의 자의식이 대소변 조절능력 습득을 방해하지 않으려면 생후 15~19개월에 대소변 훈련을 시작해야 한다는 카프만Mordecai Kaffmann과 엘리추르Esther Elizur의 이론(참고문헌 21)에 반대한다.

안드레아 K.(생후 28개월) 사진: 마리안 라이스만

V

방광과 직장의 조절능력을 습득하는 과정

연구 대상 그룹에 속했던 아이들은 관찰 초기에 무슨 일이 벌어지는지 모르는 듯한 모습을 보였다. 아이들은 단순히 유아용 변기에 앉아 있기만 하면 소변이나 대변이 저절로 나오리라 생각하는 것 같았다. 각 아이를 담당한 보육교사들이 쓴 관찰 일지에는 다음과 같이 적혀 있다. "아이가 유아용 변기를 달라고 한 뒤, 변기에 앉았다. 잠시 후 아이는 일어나 변기를 들여다보았는데, 변기 속에 아무것도 들어 있지 않은 것에 깜짝 놀랐다." 얼마 후 유아용 변기에 앉아 대소변을 봤을 때에도 소변과 대변의 차이를 알지 못했다. "아이는 소변을 보고도 '응가가 나왔어'라고 말했다."

유아용 변기의 사용을 처음 시도한 아이들 가운데 약 3분의 1이 성공했다. 처음으로 유아용 변기를 사용했을 때 대변을 본 아이는 단 두 명이었고, 나머지는 소변을 보았다. 보육교사가 아이에게 변기 사용을 먼저 권했는지(약 20%), 아이가 자발적으로 이를 요구했는지(약 80%)에 따라 첫 변기 사용 시 성공 여부가 좌우되지는 않았다. 첫 성공에 대한 아이들의 반응은 매우 다양했다. 많은 아이들이 처음으로 변기에 담긴 자기 소변을 보고 기쁨을 표시했다. "크리스티네 B.(생후 26개월)는 첫 성공에 대해 환하게 웃으며 기뻐했다. 그리고 다음날 변기 속에 아무것도 보이지 않자, 이상하다는 듯 변기를 들여다보았다." 간혹 두려움을 나타내는 아이도 있었다. "리하르트 G.(생후 24개월)는 유아용 변기를 꺼내 달라는 요청을 자주 했다. 어느 날 변기에 소변을 보고 나서 겁을 내더니, 그 후 오랫동안 변기에 소변을 보지 않았다."

자신의 배설물을 매우 관심 있게 관찰하는 아이도 간혹 있었다. "에바 K.(생후 35개월)는 유아용 변기에 처음으로 소변을 보는 동안 네 번이나 볼일을 멈추고 변기 속을 들여다보았다." 변기에 처음으로 대변을 본 후 놀라움을 표시한 아이도 많았다. "안드레 A.(생후 27개월)는 변기를 달라고 한 후 대변을 보고는 몹시 놀란 표정을 지었다." 자신의 대변을 자기 소유물로 여기는 아이도 많았다. "아틸라 B.(생후 32개월)는 '저 속에 응가가 들어 있어. 저건 내 거니까 다른 애들이 가져가면 안 돼.' 하고 말했다." 놀라움을 표시한 아이도 많았다. "니콜라스 M.(생후 27개월)은 몇 번이나 일어나서 자신의 대변을 너무나도 놀랍다는 표정으로 들여다보았다."

에른스트 블룸과 엘자 블룸-사파스(참고문헌 3)는 자신의 두 자녀가 대소변 훈련을 받지 않았는데도 하루아침에 완전히 대소변을 가렸다는 것을 논문에서 강조했다. 하지만 우리의 경험에 의하면 그런 일은 결코 일어나지 않는다. 또한 그런 견해는 인간의 발달과 성숙에 대한 일반적 상식에도 부합하지 않는다. 하루아침에 새로운 발달 수준에 도달하는 아이는 존재하지 않는다. 안나 터르도시Anna Tardos(참고문헌 31, 32, 34)가 언급했듯이, 새로 습득한 능력이 하루아침에 행동을 주도하지는 않는다. 혼자 앉아 있을 수 있게 된 아이라고 해도 제대로 된 자세로 앉기까지는 시간이 걸린다. 걸을 수 있게 된 아이도 한동안 기어서 장소를 옮긴다. 아이는 새로이 습득한 능력을 자신의 운동·인지·감정 영역에 통합하고 난 후에야 비로소 새로운 과제 수행을 위해 그 새로운 능력을 시험한다.

괄약근 조절능력이 이런 법칙에서 예외가 될 이유가 있는가? 괄약근 조절능력 습득 또한 갑작스러운 성숙이 아니라 일정한 기간이 소요되는 학습 과정이다. 때로는 길 수도 있고 때로는 짧을 수도 있으며, 어떤 경우에는 너무 짧아서 하루아침에 이루어졌다는 인상을 받을 수도 있지만, 어쨌든 일정한 기간이 필요한 학습 과정이다.

그런데 영아의 일반적인 운동 발달과 괄약근 조절능력 습득 간에는 주목할 만한 차이가 있다. 신생아의 성장을 자극하는 것은 어른의 본보기도 아니고 자라고 싶다는 자신의 소망도 아니다. 아이는 움직이고 몸을 돌리고 일어서다가, 한두 해가 지나면 자유롭게 걷고 뛰어다닌다. 이를 위해 아이는 아무런 모범 사례도 필요하지 않으며, 오로지 자신의 내적 시계에 따라 이 과정을 거친다.

이와 반대로 괄약근 조절능력 습득은 사회화 과정에 속한다. 사회화는 한편으로는 사랑하는 부모나 어른처럼 되고 싶어하는 아이의 바람에 의해 상당 부분 이루어지며, 다른 한편으로는 많은 것의 포기를 의미한다. 아이는 어린아이로 사는 것을 포기하고, 언제 어디서나 따뜻하고 부드러운 기저귀에 용변을 보는 편안한 느낌을 포기한다. 또한 기저귀를 갈아주는 어른에게서 느끼는 친밀감을 포기한다. 또한 아이는 자신이 만들어 낸 쉬야와 응가를 포기한다. 쉬야와 응가와 작별하여 그것을 변기 아래로 떠내려 보내며, 그것이 사라지는 모습을 눈으로 확인한다. 아이가 이런 모든 상실을 이겨내는 데는 상당한 의지가 필요하다.

그 밖에 여러 요소가 괄약근 조절능력 습득에 영향을 미친다. 어떤 아이들은 그 연령에 전형적으로 나타나는 불안감을 유독 심하게 보이기도 한다. 이런 아이들은 유아용 변기에 대변을 본다는 불안감으로 인해 기존의 불안이 심해져서, 일종의 '응가 쇼크'가 생길 수도 있다. 아이뿐만 아니라 보육교사나 부모도 다양한 모습을 보인다. 이 어른들이 하나같이 아이를 이해하고 공감하는 가운데 인내심을 발휘한다 해도, 아이는 일찍 기저귀를 떼기 바라는 어른의 바람을 쉽게 감지한다. 일반적으로 이 시기의 아이는 불안에 빠지기 쉬우며, 경우에 따라서는 드러나지 않는 불확실한 요소에 매우 민감하게 반응한다.

이 과정에 있는 아이는 주위의 압력을 전혀 받지 않더라도 엄청난 어려움에 부딪히게 된다. 어른이 용기를 줄 수는 있지만, 자신의 불안과 저항감을 극복해야 하는 것은 아이 자신이다. 갈등은 아이와 어른 사이에서 일어나는 것이 아니라 아이의 내면에 존재한다. 이런 자신과의 싸움은 외부로는 거의 드러나지 않은 채로 진행된다. 일반적으로 모든 아이는 자신과의 싸움에서 이긴다. 유아용 변기에 처음으로 대변을 본 뒤로 수 개월 동안 변기에 대변을 보지 않는 아이는 자신의 불안을 말로도, 어떤 다른 방식으로도 표현하지 않는다. 단지 더 이상 변기를 달라고 요청하지 않고, 변기 위에 앉지도 않는다. 마치 아무 일도 없었다는 듯이 아이는 변기를 배제한 일상을 이어간다.

티비 N.이라는 아이는 한동안 다른 아이들이 유아용 변기에 용변을 보려고 시도하는 모습을 지켜보았다. 생후 22개월이 되었을 때 티비는 보육교사에게 변기를 꺼내달라고 요청했고, 그 자리에서 변기에 소변을 보았다. "쉬야가 흘러나와요." 하고 티비는 만족스러운 얼굴로 말했다. 그러고 나서 변기를 비우고 물로 헹구었다. 그 후 며칠간 티비는 변기를 꺼내 달라고 규칙적으로 요청했다. 그러다 어느 날 변기에 대변을 보는 데 성공했다. 그 후 티비는 변기에 대변은 보지 않고 소변만 봤다. 그 후 몇 주 동안 변기를 꺼내 달라는 요청을 하지 않았다. 생후 29개월이 되자 티비는 다시 변기 사용을 시도했다. 하지만 변기를 소변 보는 용도로만 사용했다. 티비는 다른 아이들에게 자신의 변기에 들어 있는 것을 보여주었다. "이것 봐, 내가 변기에 쉬야를 했어!" 생후 32개월이 되어 변기에 여러 차례 대변을 보고 나자, 티비는 기저귀가 더 이상 필요 없게 되었다.

다음 사례들은 우리가 완전히 피해가기는 힘든 명백한 어려움이 여러 가지 있음을 보여준다. 마르틴 M.은 생후 29개월 무렵 자신보다 조금 큰 아이들이 화장실에 갈 때마다 그 주위에 머무르면서 무슨 일이 벌어지는지 주의 깊게 관찰했다. 그러던 중 보육교사가 마르틴에게 큰 아이들처럼 화장실 변기에 소변을 보면 어떻겠냐고 제안했다. 마르틴은 화장실 변기에 앉아 그 자리에서 소변을 보는 데 성공했다. 마르틴과 보육교사 모두 만족스러워했다. 얼마 지나지 않아 마르틴은 유아용 변기에 대변을 보았다. 그런데 보육교사가 수세식 변기 손잡이를 누르면 용변이 쓸려 내려간다는 것을 보여주자, 마르틴은 갑자기 겁을 냈다. 그 후 마르틴은 보육교사가 옆에서 도와줄 때만 손잡이를 눌러 변기 물을 내렸다. 같은 시기에 마르틴은 목욕할 때 욕탕 속에 앉아 있기를 꺼렸다. 겁이 나서 물속에 누워 있지 못했고, 보육교사가 머리를 감겨 주는 것도 무서워했다. 욕조 마개를 뽑아내면 가능한 한 빨리 욕조 밖으로 나오려 했다. 마르틴은 그 무렵부터 6개월이 넘도록 유아용 변기에 대변은 보지 않고 간간이 소변만 보았다. 그리고 보육교사가 유아용 변기를 사용하겠느냐고 제안하면 거절했다. 가끔씩 유아용 변기를 달라고 먼저 요청할 때에도 변기 앞에 서서 소변을 보았다. 생후 37개월 보름이 되었을 때 마르틴은 다시 유아용 변기에 대변을 볼 수 있게 되었다. 그날부터 더 이상 바지에 소변을 보지 않았고, 유아용 변기에 규칙적으로 대변을 보았다. 또한 그 시점부터 머리 감는 것도 무서워하지 않았다.

피로쉬카 M.은 생후 19개월이 되었을 때 한 아이를 모방해서 여러 차례 유아용 변기를 달라고 요청했다. 그러다 어느 날 유아용 변기에 소변을 보는 데 성공했다. 그때부터 피로쉬카는 욕실에 갈 때마다 유아용 변기를 꺼내 달라고 요청했다. 피로쉬카는 유아용 변기에 잠시 앉아 있다가, 아무것도 나오지 않아도 자리에서 일어났다. 때때로 옷을 벗고 소변을 보면서 소변이 흘러나오는 모습을 관찰하기도 했다. 그 시기에 피로쉬카는 욕조에서 목욕하기를 거부했다. 그리고 보육교사에게 매달려 지내는 시간이 많았다. 그때부터 생후 30개월이 될 때까지는 피로쉬카가 유아용 변기를 달라고 요청하는 횟수가 점점 줄어들었고, 변기에 용변을 보는 횟수는 이보다 더 줄어들었다. 변기에 앉아 있었는데 아무것도 나오지 않았을 때는 자리에서 일어나, “아무것도 없어." 하고 말했다. 피로쉬카는 심지어 기저귀에 소변이나 대변을 봤다는 것도 알리지 않았다. 유아용 변기를 건네주면 사용을 거부했다. 더 이상 욕조에 들어가서 목욕하지 않으려 했고, 어쩌다가 들어가더라도 선 채로 목욕을 했다. 자신의 몸 위에 물이 흘러내리는 것을 싫어했기 때문에, 보육교사가 물수건으로 피로쉬카의 몸을 닦아주었다. 생후 30개월이 되어 '나', '나의' 등의 단어를 제대로 사용할 수 있게 된 어느 날, 피로쉬카는 유아용 변기에 소변을 보았다. 다음 날 하루 동안 피로쉬카는 유아용 변기에 소변을 다섯 번 보았고, 나흘 후에는 낮 동안 한 번도 기저귀에 용변을 보지 않았다. 닷새째 되던 날에는 유아용 변기에 대변을 보았다. 그로부터 사흘 후 유아용 변기에 규칙적으로 대소변을 보기 시작했다. 보육교사는 이렇게 기록했다. "이제 피로쉬카는 목욕하는 것을 예전처럼 다시 좋아하게 되었으며, 머리 감는 것도 무서워하지 않는다."

이 두 사례는 유아용 변기를 처음으로 경험하는 과정이 아이들에게 '응가 쇼크'나 변기 물을 내리고 목욕하기를 두려워하는 현상을 유발할 수 있음을 보여준다. 유아용 변기에 소변, 특히 대변 보기를 두려워하는 것과 무언가를 잃어버리고 없애는 것에 의한 상실감이 서로 연결되어 있다는 추측이 분명 가능하다. 괄약근 조절능력을 습득하는 시기는 성(性)적 쾌감이 처음 일어나는 시기와 어느 정도 맞물려 있다. 이 두 가지는 모두 하반신과 복부에서 일어난다는 공통점이 있다.

"응가는 쉬야랑 비슷한 건가? 아니면 응가 속에는 무언가 다른 게 들어 있나?" "응가는 어떻게 밖으로 나오는 걸까? 그리고 어떻게 몸 저기로 들어가는 걸까?" 이렇게 이해하기 힘든 여러 가지 비밀이 아이의 불안을 키운다. 이런 불안이 커지는 이유는, 아이가 자신에게 일어날지도 모르는 상실을 의식하게 되어 처음으로 이 세상에서 자신의 존재에 대한 불안을 자각하는 시기가 바로 그 무렵이기 때문이다 (참고문헌 22).

VI

배설, 신체 구조, 그리고 성별 인식

많은 사례에서 볼 수 있듯이, 괄약근 조절능력을 습득하는 시기에 아이는 자기 몸의 구조와 기능에 대해 많이 묻는다. 성별에 대한 질문, 남자아이와 여자아이의 차이, 남녀 성기의 차이, 출산과 탄생의 비밀에 관해 궁금해한다. 아이는 인체와 배설에 관한 자신의 지식을 긍정문 형태로 묻거나 질문 형태로 이야기한다. 소변과 대변에 관해 이야기하고, 자신이 어디에서 왔는지 질문하고, 남자아이와 여자아이의 배설 기관 및 성기, 아이들과 어른들의 배설 기관 및 성기에 대해 이야기한다.

“나는 앞쪽으로 쉬야를 하고, 뒤쪽으로 응가를 해.” 하고 롤란트

H.(생후 27개월)가 자신의 지식을 확인하듯 말했다. "쉬야는 여기에서 나오고 응가는 저기에서 나오는 거지요?" 미셸 Sz.(생후 31개월)는 이렇게 물으면서 자신의 음경과 엉덩이를 가리켰다. "여기 좀 보세요. 내 엉덩이에 구멍이 있어요!" 하고 미라 B.(생후 34개월)가 소변을 보다가 말했다. "왜 소피는 쉬야가 나오는 곳에서 응가가 나와요?" 하고 블레즈 M.(생후 48개월)이 유아용 변기에 앉아서 물었다. "응가는 내 뱃속에서 생기는 거예요?" 알리스 F.(생후 18개월)가 호기심 어린 얼굴로 물었다. "선생님도 쉬야를 할 때 나 같은 기분이 들어요?" 이레네 Sz.(생후 36개월)가 유아용 변기에서 소변을 보다가 보육교사에게서 알고 싶어 했다. "응가는 어디에서 와요? 어떤 길을 통해서 와요?"하고 니콜라스 Sz.(생후 51개월)가 보육교사에게 물었다.

많은 아이들이 자신의 배설물에 대해 언급한다. "쉬야를 얼마나 많이 했는지 보세요!"(안드레 N., 생후 28개월). "우와, 멋지다!" 안드레 A.(생후 27개월)가 이렇게 소리치며 자신의 소변을 가리켰다. "해님 같은 쉬야를 했어요"(마리 O., 생후 40개월). "왜 내 쉬야는 따뜻해요? 다른 사람 것도 따뜻해요?" 미셸 Ng.(생후 54개월)가 물었다.

대변의 양, 색깔, 모양, 냄새에 관한 언급은 이보다 훨씬 많았다. "마리는 변기에 응가를 아주 많이 했어요." 하고 마리 Z.(생후 27개월)가 하루 전에 거두었던 자신의 성공에 대해 말했다. "내가 노란 색 응가를 했어요"(실베스트르 K., 생후 45개월). "내 응가는 늘 오렌지 색이에요.”(토마스 Zs., 생후 42개월). “저것 좀 봐요. 응가가 쉬야 속에서 헤엄쳐요!”(브리기테 B., 생후 41개월). “내 응가가 어떻게 생겼어요? 테디 베어처럼 생겼죠! 아녜요?” 하고 아드리엔느 N.(생후 40개월)이 변기 속에 있는 응가를 들여다보며 말했다. “응가가 잠을 자네.” 페트라 T.(생후 49개월)는 뚜껑을 덮은 유아용 변기를 가리키며 이렇게 말했다. “아유, 응가 냄새 고약해! 냄새가 나네? 빨리 물을 내려야겠어!”(미라 B., 생후 38개월).

놀라움과 초기의 두려움이 사라지고 나면, 많은 아이들은 자신이 만들어낸 결과물에 기뻐한다. 그리고 그것을 자랑스럽게 보여준다. “우와, 내 응가 좀 봐!”(다비드 B., 생후 27개월). “우와, 신난다! 쉬야가 나왔어!”(아담 S., 생후 38개월). 배설물을 가지고 노는 것에 대한 기록은 많지 않다. 크리스티안 B.(생후 26개월)는 “유아용 변기에 소변을 보고 기뻐하더니 소변 속에 손가락을 담갔다.” 롤란트 H.(생후 27개월)는 “여기 좀 봐. 응가 딸기야”라고 말하더니 손바닥에 놓여 있는 응가를 보여주었다.

아이들이 외부세계로부터 자기 자신을 구분하고 괄약근 조절능력을 습득하는 시기는 자신이 남자아이인지 여자아이인지 성별을 의식하는 시기와 맞물린다. 헝가리어에는 남자와 여자의 성기를 표현하는 적절한 단어가 존재하지 않는다. 헝가리 사람들은 남녀의 성기를 표현할 때 라틴어로 된 해부학 용어를 사용하거나 비속어 또는 유아적

어휘를 사용한다. 피클러 연구소에서는 소변이 나오는 기관을 언급할 때 '쉬야 집'이라는 단어를 사용했다. 아이들의 언어를 살펴보면, 그들이 성별에 대한 인식, 성기에 대한 호기심, 성과 관련된 인체 구조와 생리에 대한 지식, 남근에 대한 자부심, 남근이 없는 부러움, 거세에 대한 불안 등과 관련해 엄청난 혼란을 겪고 있음을 알 수 있다.

이와 관련된 남아의 사례는 다음과 같다. 요제프 E.(생후 33개월)는 보육교사의 치마 속에 그릇을 밀어 넣으며 거기에다 쉬야를 해보라는 말을 자주 했고 어린이용 화장실 쪽으로 보육교사를 밀면서 변기에 앉으라고 말하기도 했다. 다비드 M.(생후 30개월)은 보육교사에게, "선생님의 쉬야 집은 어디에 있어요? 어떻게 생겼어요?"라고 물었다. 파울 H.(생후 30개월)는 이렇게 물었다. "남자 어른의 쉬야 집은 어떻게 생겼어요?" 아틸라 B.(생후 44개월)는 이렇게 말했다. "선생님 쉬야 집도 베아트리체의 쉬야 집처럼 생겼어요? 여자애들 쉬야 집은 남자애들보다 더 높이 있어요. 내가 봤어요. 그래서 알아요." 가브리엘 S.(생후 45개월)는 자신을 돌보는 보육교사에게 이렇게 물었다. "선생님도 엉덩이가 있어요? 쉬야 집도 달려 있어요?"

이와 관련되어 여자애들이 보인 행동과 말에 대한 기록은 다음과 같다. "그 아이는 여러 번 내 치마를 들추었다. 마치 내가 기저귀를 차고 있는지 확인하고 싶어 하는 것 같았다." 하고 보육교사는 브리기테 B.(생후 24개월)에 대해 기록했다. "선생님도 나처럼 쉬야 해요?"

마리안느 Z.(생후 46개월)는 이렇게 물으며 보육교사의 치마를 들추었다. "아틸라는 왜 서서 쉬야를 해요? 왜 아틸라의 쉬야 집은 다르게 생겼어요? 왜 아틸라의 쉬야 집은 엉덩이에 붙어서 달랑거려요?" 하고 에리카 T.(생후 44개월)가 물었다. "남자애들 쉬야 집은 어떻게 생겼어요? 구부러졌어요?" 하고 페트라 T.(생후 54개월)가 궁금해했다. "우리들, 티메아, 소피, 그리고 나는 쉬야 집이 짧아요. 나 페트라는요, 여자애로 세상에 태어났거든요." 페트라 T.(생후 62개월)는 결론을 내리듯 말했다.

성별 정체성에 대한 앎이 아이들에게는 자신이 다 큰 아이라는 의식을 불러일으킨다. 아이들이 '다 큰 남자애' 또는 '다 큰 여자애'라는 말에 부여하는 의미는 배설기관을 조절하는 능력과 밀접한 관계가 있는 것처럼 보인다. "난 이제 다 커서 뭐든지 할 수 있어." 아브단 T.(생후 28개월)는 유아용 변기에 대변을 본 후 이렇게 말했다. "난 이제 다 컸어. 화장실에서 응가를 했단 말이야."(아틸라., 생후 33개월) "내가 그랬잖아. 난 다 큰 여자애라고. 이제 기저귀 따윈 필요 없다고."(브리기테 B., 생후 39개월)

남아가 정체성을 발견하는 중요한 단계는 자신이 서서 소변을 볼 수 있다는 것을 의식하는 시기다. "난 서서 쉬야를 해. 아그네스는 서서 쉬야를 못해. 왜냐하면 쉬야 집이 없으니까."(아틸라 B., 생후 32개월) "난 서서 쉬야를 할 수 있어. 난 벌써 다 큰 남자애야."(미셸 D., 생후 45

개월) "페트라, 이것 봐. 쉬야는 이렇게 하는 거야. 너처럼 하는 게 아니라고."(실베스트르 K., 생후 41개월)

여아 대부분은 서서 소변을 보고 싶어 했으며, 실제로 서서 소변을 보려고 시도한 아이도 많았다. 그들은 자신에게는 없는데 남자애들에게 있는 것을 부러워하거나 이에 대해 여러 가지 생각을 드러냈다. "좀 더 크면 나도 니콜라스 것하고 같은 쉬야 집이 생길 거야. 그러면 서서 쉬야를 해야지."(실비 D., 생후 35개월) "인형을 병원에 데리고 가야겠어. 왜냐하면 쉬야 집이 커져버렸으니까." 하고 안나 B.(생후 40개월)는 인형의 다리 사이에 나뭇가지를 끼우며 말했다. "게자는 태어날 때부터 쉬야 집이 이런 모양인가? 남자애들 쉬야 집은 모두 이렇게 생겼을까?"(에바 S., 생후 51개월)

남아들은 어릴 때부터 자신의 음경에 대한 자부심을 표현했다. "치가 아저씨가 남자애들한테는 모두 쉬야 집을 만들어줬어. 그래서 그건 손으로 떼어낼 수가 없어. 치가 아저씨가 여자애들한테는 쉬야 집을 안 만들어줬지?"(다니엘 M., 생후 35개월). "에바의 쉬야 집은 내 것처럼 기다랗지가 않아. 왜 그렇지?"(토마스 Sz., 생후 45개월) "디아나는 앉아서 쉬야를 했어. 쉬야 집이 없나?"(크리스티안 B., 생후 43개월) "내 쉬야 집이 고장 났어." 마르셀 M.(생후 40개월)이 말하며 유아용 변기를 건네주었다. "나는 항상 쉬야 집이 있는데, 안네한테는 왜 없지?"(가브리엘 S., 생후 45개월)

배설, 임신, 출생의 상관관계에 대해 이야기하는 아이들도 간혹 있었다. “내 뱃속에 들어 있는 딸이 이제 태어날 거야.” 하고 크리스티네 W.(생후 45개월)는 유아용 변기에 앉아 말했다. “쉬야를 해서 내 아기를 밖으로 나오게 했어.” 하고 티메아 W.(생후 64개월)는 화장실 변기에 앉아 말했다. “사람들이 우리 배를 열어볼 수가 없는데 아기는 어떻게 나오지? 배꼽으로 나오나? 아니면 쉬야랑 응가 하는 데에서 나오는 건가?”(자네트 K., 생후 58개월) “엄청나게 쉬야가 마려우면 뱃속에 아기가 들어 있는 거야.”(페트라 T., 생후 67개월)

자신의 몸과 신체 기능에 대한 아이의 질문은 중요하다. 부모와 보육교사가 아이로 하여금 자신의 몸과 좋은 관계를 유지하면서 자라도록 돌보는 것은 아이들에게 큰 도움이 된다. 그들은 아이가 맡겨지는 첫날부터 사랑이 담긴 손길로 아이를 쓰다듬어 준다. 그렇게 함으로써 아이 스스로가 자신의 몸을 지각하도록 도와준다. 이런 방식을 통해 아이는 젖먹이 시기부터 자기 몸에 대해 긍정적인 감정을 가질 수 있으며 신체의 모든 부분을 발달 단계에 맞게 사용할 수 있게 된다(참고문헌 13).

적절한 수준의 언어 발달은 아이로 하여금 하고 싶은 질문을 할 수 있도록 하는 데 중요한 역할을 했다. 피클러 연구소에서 자라나는 아이들은 처음부터 보육교사와 대화를 하면서 생활한다. 이는 아이가 자신의 감정과 생각을 잘 표현할 수 있도록 도와준다. 아이가 질문할 때마다 항상 대답해주기 때문에, 아이는 끊임없이 묻는다. 그 누구도 아이에게 거부하는 태도를 보이지 않는다. 어떤 상황에서도 아이가 쓸데없이 창피한 이야기를 했다거나 해서는 안 될 이야기를 했다는 인상을 받지 않도록 유의한다.

VII

아이들은 서로를 관찰한다

피클러 연구소의 아이들은 공동생활을 하기 때문에, 우리는 기저귀를 차지 않고 유아용 변기나 화장실에서 대소변을 보는 아이가 다른 아이들에게 동기유발적인 영향을 미치는지 알아보고 싶었다. 아이들은 서로 행동을 모방하는가? 다른 아이의 성공이나 실패에 관심을 갖는가?

우리는 언제, 어떤 아이가 처음으로 유아용 변기에 용무를 보거나 유아용 변기에 앉아 있는 다른 아이를 쳐다보았는지 정확히 기록되어 있는 자료를 찾을 수 없었다. 한 아이가 유아용 변기를 달라고 요청하거나 직접 꺼냈을 때, 이것이 다른 아이에게서 직접 영향을 받은 행동인지 판단하기는 어려웠다. 하지만 분명 모방이 작용한 사례가 있었다. 예를 들어 다른 아이가 선반에서 유아용 변기를 꺼내는 것을 관심 깊게 지켜보고는 직접 유아용 변기를 꺼내거나 보육교사에게 꺼내달라고 요청한 뒤, 다른 아이를 계속 쳐다보면서 변기에 앉아 있던 아이가 있었다. 우리는 절반가량의 아이에게서 이런 행동양식을 가끔씩 관찰할 수 있었다.

한 아이가 유아용 변기에 앉아 다른 아이를 모방한다고 해도 배설까지 모방하는 것을 의미하지는 않는다. 몇몇 아이가 이를 통해 변기를 사용한 결과가 나오더라도, 그것이 곧 '이제부터 나도 변기에서 응가와 쉬야를 할 거야'라고 결심한 것과 동일하지는 않다. 몇몇 아이는 유아용 변기에 앉자마자 몇 방울의 소변을 본 반면, 이 목표를 달성할 때까지 10~20분 동안이나 변기에 앉았던 아이도 있다. 하지만 모방에 힘입어 처음으로 성공을 거둔 아이의 대부분은 그 후 유아용 변기를 규칙적으로 사용하지 않았다.

대부분의 모방은 성공으로 이어지지 않았다. 다른 아이가 유아용 변기에 앉아 있는 것을 본 아이는 자신에게도 변기를 꺼내 달라고 요청하고, 변기에 앉아 있다가 잠시 후 자리에서 일어났지만, 변기에 아무것도 없는 경우가 대부분이었다. 간혹 변기를 요청해서 받고는 금방 "싫어"라고 말하며 돌려주는 아이도 있었다. 또한 유아용 변기에 앉자마자 당황스러운 표정을 지으면서 금세 다시 일어나서는, "난 이

거 싫어"라고 말하는 아이도 있었다. 단지 유아용 변기를 가지고 놀고 싶어하는 아이도 있었다. 실패로 인해 의기소침해하는 아이도 있었고, 당혹스러움을 나타낸 아이도 있었다. 자신이 다른 아이들처럼 변기에 소변을 보지 못한다는 사실을 아무 일 아닌 듯 받아들이는 아이도 있었다. 또한 변기 사용이 무엇을 뜻하는지 제대로 이해하지 못한 아이도 많았다. 그들은 다른 아이들을 모방하고 싶어 했는데, 옷을 입은 채 유아용 변기나 양동이 또는 성인용 변기 뚜껑에 앉기도 했다. 그리고 아무것도 들어 있지 않은 유아용 변기를 자랑스럽게 보육교사에게 보여주고, 빈 변기를 화장실에 '비우고', 변기 물을 내렸다.

아이들은 이른 시기부터 다른 아이의 대소변에 대해 이야기했으며, 배설물과 배설 간의 상관관계에 대해 질문했다. 다른 아이가 유아용 변기나 화장실에 앉아 있는 모습을 호기심 어린 얼굴로 관찰했다. 다른 아이의 성공에 대해 기뻐했으며, 자신보다 어린 아이에게는 친절히 돌봐주는 듯한 태도를 보였다.

아그네스 N.(생후 17개월)은 실비에 D.(생후 35개월)가 대변을 보았다는 것을 알아채고 "응가"라고 말했다. 마틴 M.(생후 27개월)은 다른 아이가 화장실로 갈 때마다 곁에서 주의 깊게 관찰했다. 토마스 K.(생후 28개월)는 니콜레테에게 "쉬야 했어?"라고 물었다. 미라 B.(생후 21개월)는 변기에 앉아 있던 크리스티네에게 "일어나봐!"라고 말하고는 크리스티네의 엉덩이를 들여다보다가 "응가?"라고 물었다. 실베스터

K.(생후 38개월)는 에바가 유아용 변기에 앉아 있는 것을 보고 이렇게 말했다. "에바가 벌써 변기에 쉬야를 하네? 지금까지는 안 그랬는데." 마리아 O.(생후 43개월)는 "자네트도 아기였을 때는 기저귀에 쉬야를 했지?"라고 물었다. "일디코, 줄리에테가 변기에 쉬야를 했어!"(다니엘 H., 생후 39개월) "우와, 이것 좀 봐, 니콜레테가 응가를 했네! 잘했어!" 브리기테 B.(생후 41개월)가 니콜레테에게 말했다. 줄리 R.(생후 54개월)은 미셸이 기저귀를 차고 잔다고 이야기하면서 이렇게 말했다. "미셸이 나처럼 크면 기저귀에 쉬야를 하지 않게 될 거야."

이와 반대로 아이들은 자신의 배설물에 다른 아이의 관심을 끌려고 했다. 자신의 성공을 자랑스럽게 보여주었다. 누군가가 바닥에 쉬야를 한 것이 에바였느냐고 묻자, 안니 D.(생후 27개월)는 "내가 했어요!' 라고 소리쳤다. 아그네스(생후 25개월)는 "가브리엘, 마르셀! 내가 응가 했어!"라고 외치며 자신의 대변을 가리켰다. 아틸라 K.(생후 34개월)는 "내가 어른 화장실에서 응가 했어!"라고 다른 아이들에게 자랑스럽게 말했다. "얘들아, 이것 봐. 자고 일어났는데 기저귀가 안 젖어 있어!"(미라 B., 생후 36개월)

때때로 아이들은 다른 아이의 배설물에 대해 보육교사의 관심을 끌려고 했으며, 다른 아이가 쉬야 또는 응가를 하려고 했다고 전하기도 했다. "베라 선생님! 아그네스가 응가 했어요!" 에디트 P.(만 22개월)가 보육교사에게 알렸다. 노에미 H.(생후 24개월)는 "저쪽에 쉬야를 했어요!"라고 말하며 다니엘이 쉬야를 한 장소를 가리켰다.

아이들은 다른 아이를 돕거나 보육교사에게 도움을 요청하기도 했다(참고문헌 38). 간혹 다른 아이가 유아용 변기나 화장실에 대변이나 소변을 보지 않은 것에 대해 이야기하기도 했다. "마들렌이 쉬야 하고 싶어해요." 다니엘 R.(생후 31개월)이 보육교사에게 급히 알렸다. "발레리가 응가 해야 해서 내가 변기를 가져다 주었어요."(에바 K., 생후 43개월) "이리 와, 마르고트. 화장실 속에 쏟아버리면 돼." 토마스 E.(생후 26개월)가 유아용 변기를 들고 있는 마르고트를 보고 말했다. "이리 와, 아틸라. 여기 아기 변기가 있어! 줄리엣, 네가 쓸 수 있는 변기도 여기에 있어. 파울, 너는 화장실 변기에 앉아. 내가 도와줄게. 화장실에는 큰 아이만 갈 수 있어. 기다려 봐, 이제 네 차례가 될 거야."(안드레아 V., 생후 36개월) "줄리, 침대에 쉬야 하지 않으려면 지금 여기에 해!"(가브리엘 S., 생후 47개월) 에바 S.(생후 46개월)는 대변을 보면서 이렇게 말했다. "화장실에 어떻게 쉬야 하고 응가 하는지 실베스트르에게 보여줬어요." 요제프 E.(생후 31개월)는 방금 전 바지에 쉬야를 해서 바닥을 흥건하게 만든 아이에게 지적하듯이 말했다. "여기 있는 변기는 쉬야를 하라고 있는 거야!" 보육교사가 안톤의 기저귀를 갈아주는 동안 가브리엘이 말했다. "안톤, 넌 항상 기저귀에 응가를 하는구나!"

유아용 변기를 성공적으로 사용하는 아이는 다른 아이들의 관심을 받으며 많은 아이들에게 이를 모방하려는 마음을 일으킨다. 하지만 적절한 장소에서 괄약근을 조절하는 것은 다른 아이에게서 배울 수 있는 것이 아니다. 아이는 누구나 스스로 자신의 길을 걷기 시작해야 하며, 자신의 결정에 따라 자신의 리듬과 성숙도에 맞게 나아가야 한다.

괄약근 조절과 관련해 일정한 능력을 갖춘 아이는 세부 사항의 모방에서 좀 더 성공적인 결과를 보였다. 서서 쉬야 하기 또는 화장실 사용 등을 상대적으로 쉽게 모방한 것이다. 종합적으로 볼 때 아이들은 다른 아이의 배설, 배설물, 성공 또는 실패를 매우 흥미롭게 지켜보았다. 하지만 다른 아이를 행동으로 모방하는 것은 괄약근 조절능력 습득 과정에 별로 의미가 없었다.

심지어 다른 아이를 본보기로 삼는 것이 해로운 영향을 미칠 수 있다는 근거도 있다. 아이가 육체적 성숙과 일정한 수준의 자아 발달 단계에 이르지 못한 상태에서 다른 아이의 본보기를 따라 시도하는 경우, 그 결과에 대해 두려움을 갖고 놀라거나 실패로 인해 용기를 잃을 수도 있다. 아이들이 자신이나 타인의 대소변 배설에 대해 가장 커다란 관심을 보이는 때는 괄약근 조절능력이 성숙하기 바로 전 단계이다. 그리고 괄약근 조절이 안정적으로 이루어질수록 이런 관심은 줄어든다.

VIII

요약
및 결론

방광과 직장의 괄약근 조절능력을 습득하는 과정에서 아이들은 사회적·감정적 발달이라는 중요한 단계를 거친다. 이 단계를 거친 아이는 새로운 능력을 습득한다. 이를 위해 아이는 우선 신경근, 정신 활동, 인지 능력 등의 발달에서 일정한 수준에 도달해 있어야 하며, 자아가 일정 수준으로 성숙해 있어야 한다. 이런 발달 단계에 도달하면 아이는 어떤 훈련이나 사전 준비, 특별한 대소변 훈련 없이도 결정과 자신의 리듬에 따라 방광과 직장의 괄약근 조절능력을 습득한다.

이런 결정을 내리는 바탕은 어른처럼 되고 싶어하는 아이의 바람이다. 아이는 어른과 같은 행동을 하고 싶어 한다. 이 과정에서 아이는 자신과 안정적이며 꾸준하고 친밀하고 따뜻한 관계를 갖고 있는 사람 또는 부모가 보이는 행동 규범을 점점 더 내면화시킨다. 이때 아이가 필요로 하는 것은 자율적인 조절에 대한 강력한 바람, 긍정적인 자존감, 어른의 이해심 깊은 공감에서 나오는 보살핌이다.

피클러 연구소의 교육학적 접근 방식은 아이의 자기 발달 가능성을 신뢰하고, 그 신뢰를 원동력으로 삼아 어른이 직접 개입하지 않고 성장하도록 놔두는 것이다(참고문헌 12, 24, 40). 안정적인 애착관계가 형성되어 있는 아이는 자신이 사랑하는 어른이 보여주는 사회적 규범을 받아들인다(참고문헌 10, 14). 우리는 아이의 개별적인 발달 리듬에 개입하는 행위가 선별한 전략을 통해 아이의 발달을 가속시키려는 어른의 시도와 똑같이 유해하다고 확신한다. 발달에 적절한 생활 테두리를 확보해 줌으로써 아이로 하여금 자신의 능력과 환경을 자발적으로 알아 갈 수 있게 해 주어야 한다(참고문헌 31, 32). 어른은 아이가 아직 이룰 수 없는 것을 이루도록 기대해서는 안 된다. 이것이 전제된다면, 아이가 불필요한 실패를 경험하지 않도록 보호할 수 있다(참고문헌 24, 25, 26, 27). 아이 스스로가 어른과 같은 방법으로 자신의 용무를 처리하겠다는 결정을 내릴 때까지 기다려주는 것이 올바른 것도 바로 이 때문이다.

이 책의 연구 결과는 로치보육원에서 얻어진 것이긴 하지만, 가정에서 자라나는 아이들에게도 적용할 수 있다. 지금까지 살펴본 연구 결과의 일반화가 용이한 이유는, 생후 3개월 이전에 피클러 연구소에 들어와 적어도 만 2세까지 머물렀던 모든 아이를 예외 없이 연구 대상에 포함시켰기 때문이다. 이런 방식은 일반적인 모집단과 비교할 때 부정적인 결과가 전제되어 있는 선별 방식이다. 왜냐하면 연구 대상에 속한 아이의 40퍼센트가 출생 당시 2.5kg 미만인 저체중 상태였으며, 대다수의 아이가 사회적 소외 집단에 속하는 부모에게서 원치 않는 상황에서 태어났으며, 모태에서 이미 영양 결핍 상태였기 때문이다.

연구 대상이었던 아이들이 서로 다른 상태였다는 것도 연구 결과를 일반화할 수 있는 요인으로 작용한다. 발달 속도가 빠른 아이도 있었고, 느린 아이도 있었다. 안정된 성격의 아이도 있었고, 매우 불안정한 성격의 아이도 있었다. 붙임성이 무척 좋은 아이도 있었고, 몹시 무뚝뚝한 아이도 있었다. '다루기 쉬운' 아이도 있었고, '다루기 어려운' 아이라고 평가받은 아이도 있었다.

따라서 충분한 사랑이 있는 가정에서 자라는 아이는 어떤 훈련이나 특별한 배변 교육 없이도 괄약근 조절능력을 습득할 수 있다는 것이 우리의 결론이다. 이 능력은 한편으로는 신경근의 성숙과 새로운 습관의 결과이며, 다른 한편으로는 무엇보다도 아이의 자의식의 표현이다. 부모가 아이의 발달 리듬을 가속하려고 개입하지만 않으면, 겪지 않아도 될 커다란 어려움에서 아이를 보호하며 아이의 자율적인 조절 능력을 길러 줄 수 있을 것이다.

저자들

유디트 팔크 Judit Falk

1922년 출생. 소아과 의사, 교육학자. 1962년부터 헝가리 부다페스트 소재 피클러 연구소("로치"보육원)에서 일했으며, 1979년부터 1991년까지 원장직을 맡았다. 현재에도 저자 겸 강사로서 학문적인 활동을 계속하고 있다.

마리아 빈체 Maria Vinczé(1925~2009)

소아과 의사. 1962년부터 1991년까지 피클러 연구소에서 일했으며, 1979년부터 부원장직을 맡았다. 삶을 마칠 때까지 유아의 발달에 관한 학문적 연구를 지속했다.

✿ 참고문헌

1. Azrin N. H., Foxx R. M.: Toilet training in less than a day(하루도 걸리지 않는 배변 훈련), Simon and Schuster Inc., New York, 1974.

2. Binét À: Zur Genese von Stö rungen der Sphinkterkontrolle(괄약근 조절 장애 치료), Handbuch der Kinderpsychiatrie, Vol. IV. Ernst Reinhardt Verlag, Munchen, 1981, pp. 559-568.

3. Blum E., Blum-Sapas E. B.: Vom Sinn und Unsinn der Reinlichkeitsgewöhnung(대소변 조절 습관의 의미와 무의미), Monatsschrift der Psychiatrie uund Neurologie, 1946, Bd. 112, S. 108-120, 195-227.

4. Brazelton T. B.: A child-oriented approach to toilet training(배변 훈련의 아이 중심적 접근), Pediatirics, 1962, Bd. 29, pp. 121-128.

5. David M.: De l'enfant de 0 à 2 ans(0세에서 만 2세까지의 아이에 관하여), Manuskript, 1960.

6. David M., Appell G.: Lóczy ou le maternage insolite(로치, 또는 색다른 모성적 보살핌), Le Scarabée, Paris, 1973.

7. Dolto F.: L'image inconsciente du corps(몸에 대한 무의식적인 상), Ed. Seuil, Paris, 1984.

8. Elkind D.: Miseducation - Preschoolers at risk(잘못된 교육 - 위험에 빠진 미취학 아동들), A. A. Knopf, New York, 1989.

9. Falk J., Pikler E.: Angaben über die spätere soziale Integration der Kinder, die in unserem Institut untergebracht waren(피클러 연구소에서 성장한 아이들의 성장 후 사회적 통합에 대한 보고), Magyar Pszichológiai Szemle, 1972, V. 29(3-4), pp. 488-500(헝가리어).

10. Falk J.: Importance et conditions fondamentales du caractère personnel des relations socials entre enfants et adultes(아이과 어른의 사회적 관계에 있어 개인적 성격의 중요성과 기본 조건들), Le Coq-Héron, 1975, No. 53, pp. 22-30.

11. Falk J.: Répondre aux besoins primordiaux des tout-petits(유아의 기본적 욕구 충족), Enfance, 1980, N. spe. 4-5, pp. 239-243.

12. Falk J.: Stimulations psychomotrice et handicaps(정신운동능력의 자극과 장애), Maîtrise de

geste et pouvoirs de la main chez l'enfant, Flammarion, Paris, 1985, pp. 136-140.

13. Falk J.: Soins coporels et prévention(개인 관리와 예방), Médecine et Enfance, 1986, Septembre, pp. 283-292.

14. Falk J.: Le rapport enfant-adulte en pouponnière: respect, sécurité, autonomie, Enfance, 1990, Bd. 43(1-2), pp. 45-49.

15. Falk J.: Il diario: strumento privilegiato per la conoscenza del bambino e la continuità dell'intervento educativo, Bambini attivi e autonomi. A cosa serve l'adulto? L'esperienza di Lóczy(일기: 아동에 대한 지식과 교육 개입의 일관성을 위한 특별한 방법. 어른이 할 일은? 로치의 경험)(Ed. Emanuela Cocever), La Nuova Italia, Firenze, 1990, pp. 121-144.

16. Falk J., Vincze M.: The acquisition of sphincter-control as a milestone of social-emotional development in early childhood(영유아의 사회성 및 정서 발달의 지표로서 괄약근 조절 능력의 습득), Papers of the 2nd Fenno-Hungarian Conference on Developmental Psychology, 1992, pp. 93-100.

17. Falk J.: Die Schließmuskelkontrolle: ein spezieller Aspekt der Muttter-Kind Beziehung(괄약근 조절: 모자관계의 특별한 측면), Gyermekgyógyászat, 1993, Suppl. 5, pp. 21-32.(헝가리어).

18. Fenwick E: Book of mother and baby care(엄마와 아기 보육을 위한 책), Dorling Kindersley Ltd., London, 1990.

19. Fraiberg S. H.: The magic years(마법의 시기), Charles Scribner's Sons, New York, 1956.

20. Illingworth R. S.: The normal chil(정상적인 아이)d, 5th edition, Churchill-Livingstone, London, 1972.

21. Kaffman M., Elizur E.: Infants who became enuretics: a longitudinal study of 161 kibbutz children(야뇨증을 갖게 된 아이들: 161명의 키부츠 아동을 대상으로 한 장기추적연구), Monographs of the Society for Research in Child Development, 1977, No. 42/1, pp. 2-12.

22. Kálló E.: Wie wir den Kindern von ihrer persönlichen Geschichte erzählen?(아이들에게 그들의 개인적인 이야기를 어떻게 해 주어야 할까?). Schriften über die Arbeit im Emmi Pikler Institut Budapest, Cramer-Klett & Zeitler Verlag, München, 1994.

23. Muellner S. R.: Development of urinary control in children(아동의 배뇨 조절 능력의 발달), Journal of American Medical association, 1960, Bd. 172, pp. 1256-1961.

24. Pikler E.: Se mouvoir en liberte dès le premier âge(어릴 때부터 자유롭게 움직이기), PUF, Paris, 1979.

25. Pikler E.: The competence of the infant(아기의 능력), Acta Paediatrica Academiae Scientiarium Hungaricae, 1979, Bd. 20, 2-3, pp. 185-192.

26. Pikler E.: Lasst mir Zeit. Die selbständige Bewegungsentwicklung des Kindes bis zum freien Gehen(나에게 시간을 주세요. 자유롭게 걷기까지 아이의 독립적인 운동능력 발달), Pflaum Verlag, Müchen 1988.

27. Pikler E.: Friedliche Babys - zufriedene Mütter. Pädagogische Ratschläge(평화스러운 아기들, 만족스러운 엄마들. 소아과 의사의 교육학적 조언). 7. Aufl. Herder Verlag, Freiburg i. Br., 2009.

28. Rasse M.: Pipi, caca et contrôle sphinctérien(쉬야, 응가 그리고 괄약근 조절), Vers l'Education Nouvelle, 1987, No. 418, pp. 38-42.

29. Schaeffer Ch. E.: Easy, stress-free, successful toilet training without tears(아이를 울리지 않고 쉽고 스트레스 없이 화장실 훈련 성공하기), New American Library, 1989.

30. Spock B., Rothenberg M.: Baby and child care(영유아 보육), Simon and Schuster, Inc, New York, 1985.

31. Tardos A.: Optisches und taktilmotorisches Benehmen der Säuglinge zwischen 3 und 12 Monaten(생후 3개월부터 12개월까지 영아들의 시각 및 촉각운동 관련 행동), Magyar Pszichológiai Szemle, 1967, Bd. 24, pp. 57-70.

32. Tardos A.: Einige Besonderheiten des Lernens im Prozess der frühkindliche Bewegungsentwicklung(소아의 운동능력 발달과정에서 학습의 특성, Pszichológiai Tanulmányok, Vol. 13. Akademiai Kiadó , Budapest, 1972, pp. 281-287(헝가리어).

33. Tardos A., Dehelán E., Szeredi L.: Formation des habitudes des enfants par l'attitude des éducateurs(교육자의 태도에 의한 아이들의 습관 형성), Vers l'Education Nouvelle, 1986, No. 404, pp. 52-56.

34. Tardos A., David M.: De la valuer de l'activité libre du bébé dans l'élaboration du sel(자아 형성에 있어 아이의 자유로운 움직임의 가치에 대하여)f, Devenir, 1991, Bd. 3(4), pp. 9-33.

35. Tardos A., Vasseur-Paumelle A.: Règles et limites en crèche: acquisition des attitudes sociales(어린이집의 규칙과 한계: 사회적 태도의 학습), Journal de Pédiatrie et de Puériculture,

1991, No. 7, pp. 409-415.

36. Thomas A., Chess S.: Behavioral individuality in early childhood(영유아기 행동의 개별적 특성), University Press, New York, 1968.

37. Vinczé M.: The social contacts of infants and young children reared together(함께 자란 영유아와 아동의 사회적 접촉), Early Child Development and Care, 1971, Bd. 1(1), Spp 99-109.

38. Vinczé M.: Le dévelopment des activités communes dans un groupe d'enfants de 3 mois à 2 ans 1/2 élevés ensemble(함께 자란 3~30개월 아동의 공동 활동의 발달), Le Coq-Heron, 1975, No. 53, pp. 11-17.

39. Vinczé M.: Feedings as one of the main scenes of the adult-child relationship(어른과 아이 관계에서 주된 모습 중 하나인 감정), Resources for infant educarers, Ed. M. Gerber, Los Angeles, 1979, pp. 40-47.

40. Vinczé M.: Répercussions du changement de climat éducationnel, Handicap et inadaptation(교육 환경의 변화와 장애 및 부적응의 영향), Les Cahiers du C. T. N. E. R. H. I., 1984, No. 26, p. 73082.

41. Vinczé M.: Das Essen: ein spezieller Aspekt der Muttter-Kind Beziehung(음식: 모자관계의 특별한 측면), Gyermekgyógyászat, 1993, Suppl. 5, pp. 1-12(헝가리어).

42. Zippel B., Zenkl V.; 배변행동 및 신경성 변비, 소아과학회지, 1990, 21권, pp. 1297-1300.

베를린 피클러 협회 총서

- 마리안 라이스만, 《여러 유형의 관계. 안나 터르도시의 설명이 담긴 사진집》. 베를린, 1991년
- 마리아 빈체, 《혼자서 식사하기까지 발달 단계》. 아니타 드리스의 논문이 게재된 출판물, 베를린, 2005년 제2쇄 인쇄
- 에바 칼로, 지요르기 벌로그, 《자유놀이의 시작》. 마리안 라이스만의 사진이 실려있는 출판물, 발행인 : 우테 슈트룹, 앙케 친저, 베를린, 2008년 제4쇄 인쇄
- 《다운신드롬을 가지고 태어난 유아》. 베를린 피클러 협회 심포지엄 발표 논문, 레나테 볼프, 모니카 알뤼 등의 논문이 실려있는 출판물, 베를린, 2001년
- 마르게트 폰 알뵈르덴, 마리 비제, 《영아를 위한 환경 준비하기》. 가정과 보육기관 어린이집을 위한 핸드북, 베를린, 2004년 제2쇄 인쇄
- 우테 슈트룹, 안나 터르도시 발행, 《아기와 대화하기. 아기는 우리에게 말을 건다》, 베를린, 2006년 (박성원 옮김, 한국인지학출판사, 2022년)
- 유디트 팔케, 모니카 알리, 《관찰하고, 이해하고, 동행하기. 피클러 협회의 방식으로 생후2년간 아이의 발달상황을 진단하기》. 라이스만의 사진이 개재되어 있는 출판물, 베를린, 2006년
- 안나 터르도시, 아냐 베르너 편저, 《나, 너 그리고 우리. 가정과 어린이집에서 사회성 기르기》, 베를린, 2015년 (박성원 옮김, 한국인지학출판사 2022년)
- 모니카 알뤼 외, 《아기는 놀이에서 배운다》, 베를린, 2019년 (이정희 옮김, 한국인지학출판사 2019년)

* 베를린 피클러 협회의 출판물은 이메일(gudrun.zoellner@web.de)을 통해 직접 구입하거나 서점에서 구입하실 수 있습니다.